みんなが安心して生きられる世界に

真城義麿

法藏館

目次

効率・成果主義化する現代社会

私は二〇一一年の三月末まで十四年間、京都の大谷中学校・高等学校に勤めていました。退職して、今は瀬戸内海の小さな島で生活しています。

島を離れる十五年前からいえば、地域の人口は半分以下になりました。人口は、五十年前は三千九百人ぐらいでしたが、今は五百五十人を切りました。子どもの数は、私が子どものころは小学生だけで三百六十人ぐらいいました。今は、小学生が七人、中学生が五人、保育園児が四人。つまり十五歳以下が十六人。六十五歳以上は三百三十人です。何か大きな老人施設の中で生活しているみたいです。

この島にも、五十年前はありとあらゆる職業がありました。お風呂屋さん、お米屋さん、畳屋さん、煎餅屋さん、豆腐屋さん、かけつぎ屋さん、樽屋さんも、何でもありました。お風呂屋さんは二軒ありました。もちろん散髪屋さんもあるし、パーマ屋さんも、何でもあったのです。小売店だけでも十軒以上ありました。

けれども、高齢化と人口の減少もありますが、世の中のシステムが変わって、お店は減っていきました。つまり少人数相手では商売が成り立たなくなったのです。今は農協スーパーだけが残って、あとは全部なくなりました。泊まるところもなければ、食べるところもなければ、「〇〇屋さん」というものは一つもありません。今、島の人たちはただ買うだけです。全員消費者になったのです。

近所に、タオルの生産で有名な今治《いまばり》というところがありますが、ここも、日本の高賃金でタオルを作っていたら採算がとれないと、かなりのタオル会社が潰れてしまいました。人件費の安いところを求めて、中国へ出ていった会社もいっぱいありますが、最近は中国も人件費が上がってきています。今は人件費が安いミャンマーやラオスが狙い目で、そこに工場を移す会社も増えているそうです。

そのように、効率化が最優先のテーマとなって、いかに安くものを生産し成果をあげるか、そういうものさしで動く世界にあらゆるところが組み込まれていきました。

ミャンマーやラオスは、貧しいけれど人々が幸せに暮らしている仏教徒の国です。貧しくても、「われただ足るを知る」という世界です。その知足第一の富といわれるような世界も、また貨幣があらゆるものの中心になり、やがてより多くの貨幣を生み出すために成果主義、効率化ということが絶対必要になっていく、そういう世界に組み込まれていくでしょう。

いなかに住むようになって、このように世の中が変わっていったことに気がつきました。

○○屋の誰が直してくれた、誰が作った、誰から買ったなどの、名前も顔もわかっている者同士の関係も、五十年の間にほぼ全部なくなりました。安く多くのモノを効率的に作ろうとする現代社会の流れの中で、誰がどこでいつ作ったかもわからないモノをただ消費するだけになっていったのです。

現代に広がる繋がりが切れた生き方

いなかに住むようになって、もう一つ気がついたことがあります。

私が今住職をしているお寺は、私が十五代目です。私の「真城《ましろ》」という家としては十六代目です。

石山本願寺を織田信長が攻めたときに、石山本願寺を応援に行った侍が、真城家の初代です。そのお手伝いの功績で、真城家の初代が小さな仏像をもらって帰ってきて、自分の子どもをお坊さんにして寺を造ったため、寺の住職としては一代ずれているのです。瀬戸内海近辺には、四百年前の、そのころにできたお寺が多くあります。

明治以降、特に戦後われわれが目標というか見本にしてきた国はアメリカです。昔は中国でしたが、近代からはずっとアメリカがモデルです。ところが、そのアメリカにヨーロッパ人が住むようになったのは、うちの寺の歴史より短いのです。ピルグリム・ファーザーズと呼ばれる人たちがアメリカに初めて入植したのが一六二〇年です。それから現在まで、四百年経っていません。また、アメリカが独立宣言をしたのは一七七六年ですから、国としても二百五十年も経っていないのです。しかもアメリカは移民国家です。移民国家がいいとか悪いとかということではなしに、移民国家というのは、そこの土地の歴史や由緒、そういうことと住んでいる人間とは関係がないのです。その土地とは関係なく、いつ誰がどこに住んでもいいわけです。つまり、生きていく上で一番都合のいいところ、もっと言えば、一番お金もうけに都合の良いところを探して住めばいいのです。

私が住職をしているお寺では、四百年の間、先祖代々がそこで生まれて、生きて、死んでいます。そこで生まれて、生きて、死んで、そこで生まれて、生きて、死んで。そういう繋がりがあり、そしてそこに私も生まれて、しばらく留守をしていましたけれども、今またそこで生きています。

日本人の多くは、いつの間にか、そういう繋がりから切れてしまっています。つまり、アメリカのように、自分が生まれる前と、今生きている自分の繋がりが切れた人生になっていっているわけです。ふるさとに戻って、それに気づきました。

都市に住んでいると、そういう繋がりにまったく気がつかなくなります。それを考えたことも、疑ったこともないようになってしまっているのではないでしょうか。人間の生まれる前とか死んでから後とかというものは、政治の対象にも経済の対象にも一切なりません。学校でも触れられることはありません。近代の知恵というのは、そこをまったく対象にしていないのです。

かつての、日本だけではない、世界中のかなりの国では違いました。私が今生きているということを考えるときには、見たことも聞いたこともない、名前だけかろうじて知っているかもしれないぐらいの先祖代々、そこに生まれて生きて死んだ人たち全部、それからまだ見たこともない、これから生まれるであろう未来永劫の子どもたちも全部含めて、そしてそれを支えている山も川も海も空も大地も、島も虫も動物も植物も全部ひっくるめて「ふるさと」でした。

その「ふるさと」は、今では「社会」になりました。「社会」とは、今生きている者だけが幾つかのルールを共有して、守り合って、日本だったら日本国憲法を中心としたさまざまなルールというものを守り合っている、そういう集まりのことです。

みんなが評価の対象

「社会」の中で問われるのは、成果だけです。

例えば、今日が一学期の終業式の日で、学校で嫌なことがあった子どもがいたとします。お母さんに話を聞いてもらいたいと思って、学校から帰ってきて、「ただいま。お母さん、今日、あのね」と子どもが言いかけた途端に、お母さんは「あんた、今日は通知表を持って帰っているでしょう。それを先に見せなさい」と、こういうことになるわけです。

子どもそのものよりも、子どもの出してくる成果のほうに、親さえも高い関心を持ち、優先順位が高くなっていってしまうということです。

そのように、成果を求めるということは、常に評価されるということでもあります。子どもからお年寄りまで、みんな評価の対象になっているのです。

いなかへ帰って驚いたことの一つは、お年寄りの引きこもりが意外に多いということです。いなかは人口が少ないとはいえ、道を歩いていても、本当に特定の人たちにしか会いません。特に奥さんと死に別れた男の年寄りがほとんど引きこもっています。

お参りに行って、「あれ、おじさん、日ごろはどこに住んでおるの」と言ったら、「いや、ここにおるよ」と返ってきます。「見ることないね。会うこともないね」と言ったら、「そらそうよ。家から出ないもの」と。「何で出ないの」と言ったら、「何言われるかわからないから、もう出とうない」と言うわけです。「誰もあなたのことだけをそんなに関心持って見るわけじゃない」、こう言いたいところですが、そういうわけにもいきません。

私なんかでもそうです。久しぶりにいなかへ帰って住むようになったので、ある意味注目の的です。そうすると「住職がネクタイしてどこかへ出ていった」とか、「お寺の冷蔵庫ってそんなに古うないはずやのに、また買い換えたで」とか、「あそこ、大きなテレビ買うたわ」とか、プライバシーというものがありません。

自分の一挙手一投足を他人に見られているように感じます。そして私たちはたいてい、どういう目で見られていると思うのかというと、見守りの眼差しではなく、責める眼差しで見られていると思ってしまいます。それは、自分が他者へそういった眼差しを向けているからこそ、無意識にそう感じてしまうのではないでしょうか。

また、評価の世界は、どっちが上かどっちが下かという世界ですから、競争になります。例えば会社でいえば、営業マンが十人いるとしましょう。営業成績は、当然数字になって表れます。ボーナスは営業成績を評価して成果によって払うと、会社は一千万円のボーナスを用意しました。一番成果を上げた人には二百万円。成果の一番少ない人は三十万円。このように、ボーナスを十段階にして、「さあ、がんばれ」という。こうなると十人は死にもの狂いで働きます。そうすると、どうなるのか。

取れると思っていた契約が取れそうもない。これが取れなかったら、自分のランクが一段下がる。しかも隣のあいつは、だめだと言っていた契約が取れそうだ。そうして成績の順番が逆転するとなったときに、このうまくいきそうもない人はどうするかというと、相手の邪魔をしたくなるわけです。こういういいやり方があるよと教え合ったりは絶対しません。他人の成績が下がってくれることが、自分のポジションをキープできることだという考え方しかできません。そういう心持ちが、現代の学校にも地域にも会社の中にも、あふれています。

みんながいじめる目をして生きている

現代の日本は世界でも有数の、衣食住に困らず便利で快適に暮らせて、医療水準が高く、長生きな人の多い国です。平均寿命は、女性は八十五歳を超え男性も七十九歳を超えて、女性はもちろん、男女あわせると、日本の平均寿命は八十三歳を超えて、世界トップクラスです。アメリカ人の平均寿命が七十歳代で、統計を取っている国全部の平均は六十歳代でしょう。このままいくと、女性は九十歳までいくともいわれています。

日本は教育水準・医療水準が高く、清潔で安全で、便利で物があふれ、世界の誰から見ても、あんな国になったらどんなに幸せだろうか、どんなに豊かだろうかと思われる生活をしています。しかし、実際は世界の中で飛び抜けて心の病を持つ人が多い国になっています。

例えば、私の島のお年寄りの引きこもりのことを挙げましたが、お年寄りどころではありません。日本中、子どもたちの引きこもりの多いこと。

引きこもりというのは、ある意味、緊急避難しているわけです。それは、友達に対しての信頼感（安心感）、親に対しての信頼感、先生に対する信頼感、学校に対する信頼感、ほかの家の親に対する信頼感、社会に対する信頼感など、あらゆる場面での信頼感、関係というものが、今はずたずたになっているからです。

われわれは、誰もが常にみな評価されています。学校の先生も評価されます。校長も評価されます。学校そのものも評価されます。そうすると、評価が下がることは隠したくなります。会社の中でも同じです。生徒たちもそうですし、先生もそうですし、校長も教育委員会に対して、自分のマイナス情報をできるだけ出したくありません。教育委員会も、文科省や全国教育長会などに対してそうです。自分の有利な情報のみを見せたくなるでしょう。そんな関係の中に、信頼感は生まれるでしょうか。

成果が求められ、評価されるために競争し、どこにも信頼感がない。そのため、他人からの眼差しを責めるものとしか感じられないのです。

いじめは、いつでも、どこでも起こります。起こる土壌は、他人がひどい目に遭っているほうが自分は有利で、そうすることで自分をそこそこ保持できるという現代の空気です。

また、いじめがあれば、週刊誌やテレビがいろいろと報道します。あの報道は、ほぼ一つ残らず責める目で報道しています。われわれもいつの間にか、教育委員会に対して、担任に対して、一体何をしていたのだという責める目で見ています。責める目と言ったらまだ軟らかいです。もっとはっきり言えば、いじめる目です。われわれがそういう目で生きている社会で、子どもたちも本当に追い詰められています。

「飲む、鬱、買う」

昔は、「飲む、打つ、買う」といったら、ろくなものではありませんでした。あの人はもう、酒を飲む、ギャンブルをする（打つ）、女の人を買うで困ったものだと、ろくでもない人を指していいました。今は真面目な人ほど、「のむ、うつ、かう」です。

現代の「のむ、うつ、かう」とは何かというと、「のむ」は「飲む」でも、お酒を飲むことではありません。この成果主義、効率化の中で必死に働いて、がんばってがんばって、これ以上できないところまでがんばる。それでもまだ成果が足りないから、ドリンク剤を飲んで、サプリメントを飲んで、さらにまたがんばります。眠たいけれども、眠気覚ましのドリンクを飲んで、またがんばります。がんばってがんばって、がんばってどうなるかといったら、「鬱」になるのです。鬱病になるわけです。

日本では、お医者さんから正式に「あなたは鬱病ですね」と診断を受けた人の数が、二〇〇八年に百万人を超えました。アトピーと同じ増え方です。大体十年で二倍以上という増え方をずっとしてきています。

鬱病だけではありません。今現在、精神科のお医者さんに通院、入院をしている人は、あわせて三百二十万人といわれています。日本の医療費は年間三十六兆円とかいいますが、精神科の医療費だけで二兆円弱だそうです。サプリメント産業は三兆円市場といわれています。

ですから、癒し、癒し、癒し、とにかく何でもいいから癒されたいということになりました。しかも、最初は癒しとして友達とカラオケに行っていたけれども、そのうちに、人と一緒に行くと面倒くさいからといって、最近ではカラオケも個室で自分独りで歌うのがものすごくはやっているのだそうです。どんどん、人との繋がりがなくなっていっています。

「かう」は、ドリーム・ジャンボなどを「買う」ことです。宝くじを買って、三億円が当たったらこんな会社はいつでも辞めてやると思いながら、当たらないから、飲む、鬱、飲む、鬱とやっているわけです。現代はそんな時代です。

先進国の中で精神科の病院が増えているのは、唯一日本だけだそうです。そしてさらに、生きるということに絶望し、自らの生を閉じていくというところに追い込まれる人は、ここ十五年ぐらいで合計五十万人近くになろうとしています。本当に異常事態です。

みんなでよかれと思って、よくなろうと思って、知恵の限りを尽くして努力の限りを尽くして、理想の国、夢のような国、いわば天国のような世界を作ろうと思って必死でがんばってきて、ふっと気がついてみたら、できたものは地獄のような社会だったということです。つまり、安心して生きることができないのです。小さな子どものときから責める目を意識して、いい子を振る舞いながら生きていかなければならないのです。

安心を貨幣に求める私たち

いつの間にか私たちは、本当に安心することができなくなりました。生活に何も問題がない人でも、これがいつまで続くのだろうか、いつひっくり返されるのだろうかと思い、心の底から安心して生きるということができません。

それは、人間が生きる上での本当の安心が、今のわれわれの発想から外れてしまったからです。生まれる前とか死んでから後とか、そういうところの安心がないと、今生きているというところの安心も実はないわけです。

今のわれわれは、安心を貨幣で手に入れようとしています。昔は、あれが買いたいから、これを食べたいから、あれが欲しいから、貨幣が欲しかったのです。それが今は、貨幣そのものが大切なものになり、貨幣があれば安心して生きていけるだろうと、貨幣で貨幣を買っているわけです。運用といいますね。

お金というものは、食べることもできなければ、身に付けることもそれで土を耕すこともできません。そのものは何にもなりません。物には使用価値と交換価値がありますが、貨幣というものには交換価値しかないのです。しかもこの交換価値の交換は、必ず等価交換です。千円札は千円相当のものと交換するという約束です。もし、スーパーへ買い物に行って、かごにいっぱい物を入れてレジへ行き、一万円札を出したときに、レジの人が「あんた、この紙、何」と言ったらパニックになりませんか。「こんな紙切れ一枚とこれだけの商品とを、あんた、換える気か」と言われたら、本気でパニックになるでしょう。約束が破棄されたら、どうすることもできません。貨幣というのはそういうものなのです。けれども、そういうものをわれわれは欲しがり、それにしがみついているのです。

古代ギリシャで貨幣が発明されたのが、紀元前十世紀ぐらいといわれます。今から三千年ほど前です。古代ギリシャのフリギアというところの、ミダス王という王様の下で貨幣が発明されたということになっています。

このミダス王は、ギリシャ神話にも出てくる王様で、ギリシャのある神様の子どもを助けます。そうして、その神様から、「おまえに何でも好きな能力を一つだけ与えてやろう。申し出よ」と言われます。ミダスは、「では、触ったものが何でも黄金に変わる能力を私にください」と言います。まだミダスが王様になる前で貨幣のない時代です。黄金は富の象徴で何にでも交換できます。触ったものがみな黄金に変わるのですから、ミダスはうれしくてたまりません。けれども、喉が渇いて水を飲もうと思ったら、コップが黄金に変わり、水が黄金に変わってしまいました。そこで彼は覚るのです。交換価値はあっても、黄金そのものに価値があるのではないのだと。そこで神様に頼んで、その能力を返上します。

そういうことを経験したミダスが後に王様になって、やがて家来たちが貨幣を発明しましたと言ってきます。それまでも、金や貝や真珠など、珍しいものがお金の代わりに流通していました。それが、これからはとにかく金属の固まりに支配者が刻印を押せば、それが交換価値を持つということになるわけです。

ミダス王には、呪いともいえるような、有名な予言があります。ミダス王は、貨幣の発明を、困ったなと思ったのでしょう。「貨幣が大地を殺すであろう」という予言をするのです。大地というのは、どのいのちも選ばず、優劣を付けずに、最後の瞬間まで黙って支える世界のことです。

花が咲くには、種をまいて、水分やら養分やら日射やら、いろいろなものが必要です。なおかつ、それだけではありません。まいた種をカラスがほじくらないということ、出たばかりの芽を誰も踏みつぶさないということ、そういうことが大事です。いくら自分でがんばって育てても、大風が吹けば、ぽきんと折れます。そうなると、もう花は咲きません。

ぽきんと折れて絶対に咲くことのない花、つまり成果を出すことのできない植物に対しても、大地は枯れ切る最後の瞬間まで支えます。絶対に成果なんか出せない、花になりようがない、もうただ枯れていくだけの植物を、最後の瞬間まで黙って支えるのです。大地は、支えるか支えないかを選ぶこともなく、無条件で支えます。

成果というのは、「考える、する、できる」の上に成り立ちます。そのため、能力や機能ということがものすごく大事になります。存在そのものは成果とはいいません。したこと、できたことの結果を、成果といいます。

大地は、そういう機能も成果も一切問いません。大地が問うのは、「ある」です。あるということは、存在そのものです。人間でいえば、その人が何ができるか、何をしたか、そんなことは問いません。あなたがあなたとして今そこに生きておられる、そのことが尊い、そのことに意味があるという世界です。貨幣では買うことのできない世界です。

求めるほどに行き詰まる

親鸞聖人は九歳で得度《とくど》をされて、亡くなられたのは九十歳ですから、八十一年間お坊さんです。その最初の二十年間、九歳から二十九歳の間、親鸞聖人は比叡山でこの「考える、する、できる」を懸命にされていました。主語は、全部「私が」です。つまり、私が自らの苦悩を自覚し、自ら発心《ほっしん》し、決心して出家をし、そして自分の知恵の限りを尽くしてお経を読み、学び、そして自分の精神力、体力の限りを尽くしてさまざまな行をし、瞑想を行うということです。その成果によってお坊さんの位が上がったり、あるいは大きな寺の住職になる資格が得られました。多かれ少なかれ、人間のいるところはみんな成果主義になるのです。

親鸞聖人は、それこそもう自分の知恵の限り、体力、精神力の限りを尽くされます。もうこれ以上はできないというところまで、二十年間を本当に真摯に過ごされます。その結果どうなったかというと、行き詰まっていかれたのです。

ちょうど今の私たちも、人間の知恵を最大限に使って考えて、できる限りの努力をしてきて、けれども気がついたらにっちもさっちもいかないところまで来てしまっています。行き詰まって、閉塞状態で、ここから先、どっちを向いて、どうすればいいかもわからない状態です。

この前、愛媛県の四国中央市というところに話をしに行ってきました。小さな会社がたくさんあり、社長の多いところです。その町のすごいところは、その社長さんたちがよく勉強されることです。いろいろな社長の勉強グループがいっぱいあります。その一つで話をしてほしいというわけです。いっぱい本を読んで、輪読会をしたり、いろいろなことをしているのだけれども、われわれ経済の人間がいくら考えても、もうここから先はどうしたらいいかわからない。だからわれわれとは違うことを考えている人に話を聞かせてほしいということでした。

親鸞聖人は、もうこれ以上できないという行き詰まりに追い込まれ、この先に描いていた未来に到達できるという見込みがまったくつかなくなってしまわれます。どんな状況になっても安心して生きていくことができ、どんな状況でも安心して死を迎えることができる。そういう、救いといってもいい、仏の境地といってもいい、悟りといってもいい、そんなところに、今やっていることの続きがどう考えても行きつく見込みがないし、行ける自分ではないということにぶつかってしまわれたのです。

究極の安心感との出遇い

そこで、親鸞聖人は大きな方向転換を考えられました。もうここにこれ以上いても望みはないと、六角堂へ百日の参籠《さんろう》をされます。

私は、この百日の参籠のうちの最初の九十四日がものすごく大事だと、このごろ思います。たった一人での沈黙の対話が、九十四日間ずっと親鸞聖人の中で行われたに違いないと思います。そして九十五日目に次の方向を決める出遇いがあったのです。

その後、親鸞聖人は、法然上人のところへ行かれます。法然上人のところへ行かれたところ、そこで教えておられたことはきわめてシンプルでした。「ただ念仏して、弥陀にたすけられまいらすべし」、あるいは「本願を信じ、念仏をもうさば仏になる」ということでした。その言葉の確かさを、そして言葉を発しておられる法然上人についていくということに自分の人生をかけていいのかを、確かめるために親鸞聖人は吉水の法然上人のところに百日通い続けられました。感動しましたと、すぐに弟子になられたわけではないのです。この人についていこう。それがもしだまされることであったとしても後悔することはない。親鸞聖人はずっと百日間法然上人を見続けて、自然とそう思えるようになり、弟子になられたのです。

親鸞聖人が法然上人を全面的に信頼し、尊敬されるようになったのには、三つのポイントがあります。

一つは、お釈迦様以来の仏教の歴史を全部勉強したところから見て、法然上人が説いておられる本願念仏の教えこそが、お釈迦様が一番お説きになりたかったことであるに違いないと思えたことです。それはインドの龍樹、天親から中国・日本へずっとしっかり相続されているという、法然上人が説いておられる教えの正統性、真実性、そこに確信を持たれたのです。

二つ目は、法然上人のところには、本当にたくさんの人たちが一堂に集まって教えを聞いていました。中には自分の悩みを打ち明け、相談する人もいました。

あの時代の侍というのは、みんな人を殺した手応えというか実体験を身体に刻み、そこに負い目を感じながら一生涯を生きていかなければいけません。侍ですから強がっていますが、夜にうなされることだってあるでしょう。自分を責め、自己嫌悪に陥り、ずっと悶々としなければならなかったでしょう。そういう、地獄以外に行き場所があろうはずがないと、生きている間は悶々として、死んでから後のことには絶望するしかない人たちでした。

そんな侍も、法然上人のところにいました。その人たち一人一人に、丁寧に法然上人はお答えになります。「心配ないよ。あなたは自分の罪をごまかさずに見つめて、そしてその上で救いを求めておられる。そのあなたをこそ真っ先に救うと約束してくださっているのが、この阿弥陀という仏様なのですよ。心配ないです。本願を信じて、お念仏の生活をなさい。安心して生きていきなさい」と。

法然上人の教えに触れた人は、変わっていきました。その人たちの姿を、そういう状況を、親鸞聖人はつぶさに見て、法然上人の教えの真実性が、絶望する人の人生に安心を与える大きな力を持っているということに触れられるわけです。それが二つ目です。

三つ目は、法然上人自身の姿と生活です。説く教えと法然上人の生活との間には、寸分の違いもありませんでした。法然上人自身が心から本願を信じ、喜び、感謝しながら、そして自分の悪業《あくごう》を振り返りながら、念仏を申す生活をしておられたのです。

親鸞聖人は、それまで「私が」がんばって救いに到達するものだと思っていました。けれども、そうではないということを、法然上人のところへ行って知られるのです。

仏様は何の条件も付けずに、つまりこれだけの成果を上げたら救ってやろうというようなことは一切なく、どんな状況のときにも絶対に否定されない、認めてくださいます。もっと言えば、仏様はこの私を、存在そのものを、いのち丸ごと、あなたは尊いと尊んでくださる。あるいは私が仏を信じると思っていたけれども、その前に私が仏様から信頼されていた。そういうことに、親鸞聖人は出遇われたわけです。これが本願の世界です。究極の安心感です。

どんな私でも生きていける世界

われわれは、他人からいい評価をしてもらわなければ、なかなか自分の存在意義を確認できません。現代の消費社会では、私の存在承認はどういう形で行われているのでしょうか。何をすれば、私の存在が他者から認められるのでしょう。それは、お金を使えば、お金を受け取った人が「ありがとうございました」と頭を下げてくれて、私の存在が認められます。お金を使うことによって存在が認められる世の中です。そんな世界にわれわれがしてしまいました。

ですから、よりいっそうお金がすべてになっていくわけです。単に働いてお金をもうけるだけでは足りず、もっと効率的にもうかるように資産運用に躍起になっていきます。新聞に、世界中で資産運用によって動いているお金は九千兆ドルだとありました。

想像もつかないお金です。

親鸞聖人は、人間の考えることのできる世界は、本当に限られた世界だとおっしゃっています。

『正信偈』の中に、「普放無量無辺光《ふほうむりょうむへんこう》」などの、「無」が付いた言葉があります。例えば「無辺」だと、これは「辺」に注目しなさいという親鸞聖人のメッセージだと私は思います。「辺」というのは、ここからここまでに囲って、その中だけというのが「辺」です。生きている間だけとか、金で買えるものだけとか、目で見えたものだけとか、どこかで区切りを付けてその中だけ、私たちはそれしかないということです。「無量」の「量」は、数量化してどちらが多いか少ないか、どのくらいの量であるか比べるということです。それがわれわれ人間の生き方です。そういうことに「無」を付けて、そうでない世界が仏様の世界ですよと示してくださっているのです。

そのように、親鸞聖人は「無量光」「無辺光」「無碍光《げ》」「無対光」など、阿弥陀如来とそのはたらきを十二の光として表現されています。その光がすでに私のところまで届いていたのだと、今気づかせていただきましたというのが、「南無阿弥陀仏」ありがとうございますということでしょう。

仏様の智慧の光が私のところまで届いていて、仏様からおまえは尊いと呼びかけられているということに気づくと、今度は自分を振り返って、私は私の人生を尊く生きているだろうかということを考えずにはいられなくなります。仏様があなたは尊いとおっしゃっているけれども、この私は、自分を常に粗末にし、私一人ぐらいがとか、私みたいなものがとか、どうせ私なんかが、などと言っている。しかも自分にとって都合の悪いものからは目を背けてきた。そんな私は本当に尊いのかと、かえって絶望するかもしれません。つまり「ごめんなさい」「お恥ずかしいことです」と思わずにいられなくなります。しかしその恥ずかしいこの私に対して、常に仏様のほうから私が認められ、仏様から尊ばれている、仏様から信じてもらっているという大きな安心感があれば、勝っても負けても、安心して私が私として生きていくことができます。そういう世界が開かれてくるのです。

弱い者同士で平等

私たちは、親子でも兄弟でも、友達の間も、先生との関係も、評価を意識した関係になってしまいます。評価は必ず合否（できた・できない）と、その中での上下・優劣を示します。そこには、暗黙のメッセージがあります。「できたら認めてやろう」です。そのメッセージは、受け取る側からは「できない者の居場所はないよ」と聞こえます。ですから、虚構であっても、演技であっても、「できる私」であり続けなければなりません。ほめてもらい続けるために、懸命に目の前の人の期待に応え続けていく。身も心も疲れ果ててしまいます。そして、評価の視線を避けるために、部屋から出られないということも起こってきます。

私たちは、「他者から認められていない私」を自分でも認められないという心持ちになることがあります。自分で自分を認められないと不安になります。落ち着けません。自分を責め、自己嫌悪に陥り、自分の存在を否定する気持ちが大きくなっていきます。また、他者から今の自分の存在を認められないときに、深く傷つきます。その悲しみ寂しさ怒り憎しみは、他者との関わりの出入り口を閉じてしまいます。その閉じられた中で、その感情は濃縮されて毒となります。そして、何かの拍子に開口すると、その言動は毒を伴って飛び出し、相手に突き刺さります。相手を深く傷つけることになります。そのことがまた、自分自身を深く傷つけてしまいます。親殺し事件をはじめ、さまざまな、追いつめられたあげくの痛ましい出来事に、そういうことを感じます。二〇〇八年に秋葉原で起こされた無差別殺傷事件もそうですね。加藤被告は、派遣社員として働く中で自分の存在価値が認められず、唯一の居場所であった携帯サイトの掲示板も荒らされ、犯行にいたります。

弱い自分が、できない自分が、不充分な自分が、どんな場合も他者からも自分でも存在そのものは否定されてはなりません。第一、完璧な人間などいません。できるだけの人はありません。その「できる」も、誰かの基準からの判断です。その基準に私の存在を否定できるような絶対的な根拠はありません。私たちは弱い者同士ということで平等なのです。苦手や恥ずかしい面を抱えている者同士です。老いる者同士、病む者同士、死ぬ者同士です。本当のことがわからない者同士です。真実を見抜くことも未来を見通すこともできない者同士です。そういう私たちですが、どの人も仏様から認められている者同士です。お互いにそこに立ちたいものです。その上で、できることを惜しまずやり、苦手を少しでも克服しようと努力しながら、互いに認め合っていきたいものです。そういう認め合う関係、信頼関係の中では、自分の苦手や弱みや失敗や犯した罪などのマイナス部分も開いていけるのではないでしょうか。

いつでもどんな場合でも、阿弥陀如来が、また十方《じっぽう》無量の諸仏が、私を認め尊んでくださっているという感覚というか意識が、大きな安心感となって、そこに生きる意欲や人生への責任が生まれてくるということが、念仏者の歩みの歴史を作ってきているると思います。最近、「逆境指数（ＡＱ）」ということがいわれますが、逆境の中で人生の大事に気づき、逆境を糧として成長していく生き方が、そこにはあるのでしょう。

認めて伸ばそう

私は、以前校長として「認めて伸ばそう」という合い言葉を提唱しました。能力や機能や成果を問う前に、まず生徒の存在そのものを認めようということです。「君は、本校の大切な生徒である。尊い人である」と認めて、そしてその上で、「その大事な君が、そんな格好をしているのは、それでいいのか」と問うていく。「尊い君は、尊く生きているか」。「自分の優れた能力資質を開花させているか。眠らせたままではないのか。自分を自分で貶《おとし》めてないか」と問うていこうということです。叱るときも、決して核攻撃を、つまり存在そのものを否定するような叱り方をしてはいけないということです。存在を認めた上で、行為を叱り、考え方を正すのです。褒められるときも、尊敬し信頼している人から、認めてくれている人から褒められるのが、一番嬉しいですね。

ほんのわずかの時間でも、ちゃんと話を聞いてもらったという、そのことだけで元気が出てきます。それは、少なくとも聞いてもらっている時間は、存在が認められていることを実感できるからではないでしょうか。

念仏者は無碍の一道なり

私たちが生まれてきたということは、この私の存在を丸ごと受けとめてくれる方々に、いわばいのちをゆだねる形で、この世に出てきたのでしょう。いのち丸ごと受けとめてくれる安心感がなければ、生まれてこられません。生まれてすぐの人間は、エサを取ることも移動することもできないのですから。そういういのちそのものの繋がりへの信頼というか、生きようとする者は必ず支えられるという安心、そういうものを、私たちは自我が形成され、知恵や観念を身につけるにつれて失って、あるいは忘れていったのではないでしょうか。

仏様から認められ尊ばれてはじめて、私は私自身の中にある生きようとするはたらきに気づくのです。生まれ出た赤子が、何の疑いもなく、それにそって生き成長してきた、いのちのもつ意欲とでもいうべきものが、私の中ではたらいています。それを他者の視線を気にし、私の都合最優先で、目の前のものを見、判断し、考え、行動するうちに、心の奥底の私の本当のいのちの願いを閉じ込めてしまったようです。

仏の光に照らされて、真実の教え・はたらきに出遇ってはじめて、そういう根源的ないのちの願いに生きようとする人生が始まっていくのでしょう。

親鸞聖人は「念仏者は無碍の一道なり」（『歎異抄』）とおっしゃっています。「碍」とは、解消したい不都合のことで、苦の種でありストレスのもとです。私はそれに振り回されます。ですから、あらゆる出会いに際して、それが好都合か不都合かが最優先の問題となります。そして不都合ならば、どのようにして好都合に転換できるかが大問題です。どうにもならないならば、その不都合を見えないところへ追いやってしまおうとします。なかったことにしたい。不都合が予想されることには近づかない。

逃げ回る。それが私たちの日常の姿ではありませんか。そうやって、不都合の解消のための貨幣をひたすら追いかけ、「老病死」を視界の外に追い出してしまいます。

「無碍」とは、そういう不都合がなくなることではありません。「無碍」という表現によって、起こったことを「碍」としてしかとらえられないという私たちの姿が、生き方が露わになります。そして、その「碍」を私の知恵と努力で解消しようとじたばたしている姿が「雑行《ぞうぎょう》」であると知らされるのです。念仏者というのは、ご本願に支えられ、阿弥陀如来に認めてもらっているという大きな安心をもった上で、そこから自己を問いながら生きる人ですね。生きる場が順境であっても逆境であっても、そこから逃げずに顔を背けずに、大きな安心のもとに引き受けていける、そういう人生が仏様の願いとはたらきによって開かれていくわけでしょう。そうなると、目の前が好都合か不都合かが最大関心の私たちですが、そういうことに振り回されない歩みとなるということでしょう。もっと言えば、それまで解消すべく振り回され、見ないようにしていたその不都合が、如来の光に出会ったという念仏が基点になると、実は、私自身の事実を見せてくれる大切な契機であったというように、見え方、受けとめが変わってきます。年を取ってはじめて気づくことがある。病気で怪我で入院して、その辛い中ではじめて過去の我が儘な自分を見ることになる。大事な人とお別れしてはじめて、その方の尊さとその方との関係の尊さを知る。

「無碍」とは、「碍」がなくなることではなく、「碍」でなくなること、もっと言えば「碍」が「大事」に転換することです。そういう世界が念仏者に開かれてくる。そうなれば、もう二つに分ける必要もありません。損か得か、勝ちか負けか、好評か不評か、成功か失敗か、総じて好都合か不都合かと、二つに分けて好都合のみをより食いするような、逆に言えば不都合から逃げ回るような、そういう人生から解放されていく。それが「無碍の一道」ではないでしょうか。

あらゆる出会いが、私に大事を教えてくれ、私を育ててくれる。それは、「念仏」という仏に顔の向く世界、濁った世の中で、濁った眼で見、濁った知恵でもがいている私が、「南無阿弥陀仏」と称えることによって、目を覚まされ、今いる場を見せてもらい、人生の方向性を示してもらう、そういう「念仏」が生活の中にいつもある。そのことが、出会いを意味あるものにしてくれ、空しく過ぎていくばかりのこの私の存在に人生の意義を感じさせてくれるのでしょう。

あとがき

岡崎別院では、毎年七月二十五日から二十七日までの三日間、暁天講座「親鸞聖人に学ぶ朝の法話」を開催しています。

平成二十四年は、二十五日に前大谷中学校・高等学校校長の真城義麿先生にお話しいただきました。講題は「安心してがんばれる世界を」です。その法話をまとめて出版することをお願いしたところ、御快諾いただきました。残暑ことのほか厳しい中、御多忙にもかかわらず加筆訂正いただき、早速発刊の運びとなりました。誠にありがとうございます。

私たちのあまり知らない教育の現場や老齢化した島（ふるさと）の現状などを交え、現代がいかに安心してがんばれない世界であるかを、わかりやすく説いてくださっています。

出版にあたり、御尽力いただいた法藏館社長西村明高氏ならびに編集をしていただいた満田みすず氏に、深く感謝いたします。

二〇一二年十一月

岡崎別院輪番　福田　大

真城　義麿（ましろ　よしまろ）

1953年、愛媛県に生まれる。

1978年、大谷大学大学院修士課程修了。

1997〜2011年、大谷中・高等学校校長。

真宗大谷派善照寺住職。

著　書『危機にある子どもたち―宗教教育の本質を問う―』『真の人間教育を求めて』（法藏館）、『安心してがんばれる世界を』（真宗大谷派宗務所出版部）ほか。

みんなが安心して生きられる世界に

二〇一二年一一月二五日　初版第一刷発行

著　者　真城義麿
発行者　西村明高
発行所　株式会社　法藏館
京都市下京区正面通烏丸東入
郵便番号　六〇〇-八一五三
電話　〇七五-三四三-〇〇三〇（編集）
〇七五-三四三-五六五六（営業）

印刷　リコーアート・製本　清水製本

ISBN978-4-8318-8717-7 C0015

危機にある子どもたち　宗教教育の本質を問う	真城義麿著	一、〇〇〇円
真の人間教育を求めて	真城義麿著	一、八〇〇円
「往生浄土」ということ	小川一乗著	五〇〇円
無縁の大悲　凡夫カルチャーとしての真宗	太田清史著	五〇〇円
如来にあう	松扉哲雄著	三五〇円
真宗の学び方	櫻部　建著	八〇〇円
正信偈もの知り帳	野々村智剣著 仏教文化研究会編	六一九円